LES HISTORIENS

DE

LA RÉVOLUTION

PAR

M. DAMAS HINARD

PARIS

DEVARENNE, LIBRAIRE-ÉDITEUR

F. ROCHER, SUCCESSEUR

26, rue du Faubourg Saint-Honoré, 26

1872

LES HISTORIENS

DE

LA RÉVOLUTION

La Révolution — la première en date, *la grande* — a des adversaires décidés qui, voyant en elle la cause de nos commotions périodiques, la prennent vivement à partie au nom du patriotisme et du bon sens. Cette Révolution, je ne la défends pas. Mais, dans ma conviction réfléchie, elle n'est pas seule coupable de nos malheurs ; nous avons parmi nous une catégorie d'écrivains à qui revient, selon moi, une large part de responsabilité : je veux parler de ses historiens, de ses historiens apologistes. Il y a là une question sérieuse, sur laquelle il importe d'appeler — enfin — l'attention du public.

Les Anciens, tout païens qu'ils étaient, se faisaient des devoirs de l'historien la plus haute idée. « L'Histoire, dit Cicéron, doit être la maîtresse de la vie humaine (*Magistra vitœ Historia*). » Et les historiens latins les plus vantés, un Tite-Live, un Tacite, n'ont pas compris autrement leur mission :

ils se sont considérés comme de véritables instituteurs des peuples. Ainsi Tite-Live, qui raconte les beaux jours de Rome, et nous montre tour à tour, avec une juste fierté, les Cincinnatus, les Fabius, les Paul-Emile, Tite-Live semble avoir eu pour but de nous inspirer les vertus qui ont illustré ces grands hommes, la simplicité des mœurs, l'amour de la patrie, le respect des lois. Tacite a eu, lui, la douleur de vivre sous les exécrables tyrans dont il écrit les annales, et, par l'implacable fidélité de ses récits, par l'incomparable vigueur de ses peintures, il fait passer dans les âmes les sentiments qui l'animaient lui-même en présence de ces vices et de ces crimes, — le mépris, l'horreur et l'indignation. Tels sont les enseignements, d'un caractère tout différent, mais également élevé, que nous ont laissés ces nobles esprits. La lecture de Tite-Live n'est guère en harmonie avec nos préoccupations actuelles, et pour moi je m'en tiens plus volontiers à Tacite; mais, lorsque je lis cet admirable écrivain, et que je pense aux historiens de la Révolution, je ne puis m'empêcher de me dire avec tristesse : Les Romains de la décadence ont été plus heureux que nous. S'ils ont subi comme nous le joug de quelques monstres abominables, eux, du moins, ils ont eu un Tacite pour les juger et les flétrir !

En effet, ne vous y trompez pas : laissée à elle-même et forte de sa seule force, la Révolution ne pèserait pas aussi lourdement sur nous : la France, si je ne m'abuse, se reconnaissant après la tourmente, se serait peu à peu reposée dans les réformes que le progrès des temps avait amenées, et qui

furent bientôt acquises ; et quant aux excès qui avaient dés-
honoré l'époque néfaste, ne pouvant en effacer entièrement
la trace, elle ne s'en serait souvenue qu'avec un remords
mêlé d'effroi, comme un honnête homme se souvient d'un
égarement passager, en en rougissant, et en se promettant
bien d'éviter une rechute. — D'où vient donc que la Révolution possède, aujourd'hui encore, parmi nous un incon-
testable prestige? Comment cette Révolution, qui n'a été
elle-même qu'une imitation ou plutôt une parodie, une misé-
rable et pitoyable parodie de la Révolution anglaise, est-elle
devenue à son tour le modèle par excellence, une sorte de
tradition sacrée, qui domine impérieusement nos destinées
et les dirige? Et enfin à quoi tiennent, à quoi attribuer ces
révolutions périodiques, essayées à son image, que nous tra-
versons depuis quarante ans, infailliblement accompagnées
d'une ou plusieurs insurrections qui nous enfoncent toujours
davantage dans l'abîme? — Je réponds sans hésiter : Prenez-
vous-en aux historiens! aux historiens qui, en popularisant,
en exaltant la Révolution, en se faisant à l'envi ses panégy-
ristes, ses évangélistes, lui ont communiqué une puissance
d'action qu'elle n'aurait jamais eue par elle-même. Et cela
est si vrai, que, pour peu qu'on m'en mît au défi, je m'engage-
rais à faire voir, dans chacune de nos révolutions contempo-
raines, ce qui appartient en propre à tel ou tel de ces historiens, son cachet personnel, sa marque. Et si la dernière de
nos révolutions et l'insurrection qui l'a suivie ont été de
toutes les plus lamentables, l'explication m'en semble facile : n'est-ce pas que, chacun de ces historiens ayant alors
publié son œuvre, ils ont agi tous à la fois sur des esprits déjà

préparés, et les ont entraînés par leur influence collective — irrésistible ?

Tous ces historiens, je le reconnais, n'ont pas une part égale de responsabilité; mais tous, à des degrés divers, ont contribué à nos révolutions successives, parce que tous, plus ou moins, ont poussé à l'imitation de la grande Révolution, et cela, en glorifiant les principes qu'elle a proclamés, les événements qui l'ont signalée, les héros qu'elle a produits.

I

Voyons d'abord les principes.

Rappelez-vous, je vous prie, cette fameuse *Déclaration des droits de l'homme*, qui renferme, en dix-sept articles, les *immortels* principes de 89. « Art. 1ᵉʳ. Les hommes naissent et demeurent libres et égaux en droits, etc. — Art. 2. Le but de toute association politique est la conservation des droits naturels et imprescriptibles de l'homme. Ces droits sont : la liberté, la propriété, la sûreté et *la résistance à l'oppression.* » Et le reste à l'avenant. C'est proprement le *Credo* de l'anarchie!... Aussi Mirabeau — celui-là n'est point suspect — aussi Mirabeau, avec son bon sens supérieur et sa merveilleuse sagacité, vit-il tout d'abord où cette belle métaphysique ne manquerait pas de nous mener, et pendant que la commission des Douze élaborait son œuvre, il écrivait dans le *Courrier de Provence* que la déclaration projetée ne pouvait avoir d'autre effet que « d'exciter dans les esprits une fermentation dangereuse ». Mirabeau ne s'était point trompé. La Déclaration des droits fut promulguée le 1ᵉʳ octobre, et l'on sait ce qu'il advint peu de jours après, le 5 et le 6 du même mois, c'est-à-dire au lendemain de l'imprudente proclamation... Juste le temps d'organiser *la résistance à l'oppression* !

Cependant, malgré ce rapprochement de dates si facile à saisir et si éloquent, malgré les insurrections qui suivirent, malgré les agitations que la Déclaration des droits produit encore parmi nous, et qu'elle produira éternellement, je le prédis, jusqu'à la consommation des siècles — malgré tout, les historiens de la Révolution applaudissent à qui mieux mieux à cette élucubration insensée. Mais c'est surtout M. Louis Blanc et M. Michelet qu'il est bon d'entendre là dessus. « L'Assemblée, dit M. Louis Blanc du ton le plus solennel, adopta une déclaration, monument très-incomplet encore, mais immortel, du pouvoir de la vérité militante. » *Incomplet !* Ce n'est là qu'une précaution oratoire, ou politique, pour réserver l'avenir; car M. Louis Blanc se hâte d'ajouter: *mais immortel.* Et, de fait, puisque la Déclaration contient la reconnaissance la plus formelle du droit le plus précieux de la *vérité militante,* il ne nous faut qu'un peu de patience, le monument s'achèvera. — M. Michelet, à son tour : « Sublime apparition du droit, s'écrie M. Michelet avec un enthousiasme lyrique, sublime apparition du droit entre l'orage et l'orage! » Comme si la Déclaration des droits avait été proclamée sur le mont Sinaï, au milieu des éclairs et des tonnerres! et comme si, à la date du 1ᵉʳ octobre, une lumière nouvelle s'était levée tout à coup, flamboyante, sur la France et le monde!

Et malheureusement, sur ce chapitre, la majorité du public partage l'opinion des historiens. On rencontre tous les jours, jusque dans les sphères sociales qui passent pour les plus éclairées, de fort honnêtes gens, très-conservateurs, qui' en dépit des convulsions périodiques qui nous travaillent, et prenant sans doute ces convulsions pour les signes évidents d'une santé exubérante, s'inclinent avec respect devant les principes de 89 et, sur la foi des historiens, vous assurent gravement, imperturbablement que nous en vivons. — Eh ! mon Dieu ! oui, mes amis, nous en vivons si bien que nous en mourons !

II

S'agit-il d'apprécier les événements, les épisodes les plus
marquants de la Révolution, ceux dans lesquels le peuple
intervient, comme personnage principal, sur le premier
plan, nous retrouvons chez les historiens la même complai-
sance.

Lorsque je considère en moi-même, dans son ensemble, la
Révolution anglaise, je ne puis, tout en condamnant le crime
odieux dont elle s'est souillée, je ne puis, je l'avoue, me dé-
fendre d'une certaine admiration : je vois là un peuple qui,
s'étant proposé dès l'origine un but nettement déterminé, y
marche par un mouvement progressif, par étapes réglées
en quelque sorte, surmonte d'un pas ferme et résolu les
obstacles qu'il rencontre sur sa route, et s'arrête juste en touchant le but que tout d'abord il a voulu : la liberté religieuse
et politique. Il me semble que j'assiste par la pensée à quel-
qu'un de ces drames tragiques, si profondément instructifs
dans leur sauvage grandeur, qu'a enfantés le génie de Shak-
speare. Comparez à cette Révolution la nôtre ; quelle diffé-
rence ! Ici nous avons affaire à un peuple affolé qui, partant
d'une théorie métaphysique, s'élance éperdu à la conquête

d'un Eldorado imaginaire : impossibilité contre laquelle viendraient se briser les intelligences réunies d'un Alexandre et d'un César, d'un Richelieu et d'un Mazarin, même en leur adjoignant pour secrétaires un Machiavel et un Montesquieu. Et que pourra-t-il sortir de là, et qu'attendre, sinon le plus affreux, le plus hideux mélodrame ?

Laissons les figures, allons aux faits : voulez-vous vous rendre compte de la manière dont se sont accomplis les épisodes les plus fameux de la grande Révolution ? voici invariablement comme les choses se passent. — Les meneurs ont tenu conseil à Charenton (je n'invente pas, c'était le lieu ordinaire de leurs réunions), et ils ont décidé de faire un coup. Aussitôt ils envoient leurs émissaires au faubourg Saint-Antoine, le Belleville de l'époque. Ceux-ci parcourent le faubourg, semant çà et là des bruits sinistres : « Vous ne savez pas ? Louis XVI trahit le peuple ! » ou bien : « Les émigrés reviennent pour égorger le peuple ! » ou bien encore : « Les aristocrates ont accaparé les blés pour affamer le peuple ! » Et sur ces bruits, accueillis d'autant plus aisément qu'ils sont plus absurdes, le faubourg crédule se lève en masse, et tous ces pauvres malheureux, hommes, femmes, enfants, enivrés de fureur et de vengeance, se ruent aveuglément sur le point désigné : tantôt sur la Bastille, tantôt sur Versailles, tantôt sur les Tuileries ; puis, l'expédition terminée, ils s'en retournent triomphalement au faubourg, portant au bout des piques, comme trophées de la victoire, quelques têtes coupées... de la Bastille des têtes d'invalides, de Versailles des têtes de gardes du corps, des Tuileries des têtes de soldats suisses... Et ça ira, ça ira toujours de même, jusqu'au jour — qui n'est pas loin — où, affamés pour tout de bon par l'imbécillité des scélérats qui les conduisent, ils se rueront sur la Convention en criant : « Du pain! du pain! » et comme la Convention n'a pas de pain à leur donner, ils reviendront cette fois emportant, pour se dédommager, au bout d'une pique vengeresse, une tête de conventionnel!... Vous voudrez bien remarquer que je ne dis rien, ni des massacres de septembre, ni des fusillades de Toulon, ni des mitraillades de Lyon, ni des noyades de Nantes ; il me répugnerait de piétiner trop longtemps dans ce sang et dans cette boue, et je me borne à rappeler les épisodes les plus glorieux. Mais, je le demande à tout homme de bonne foi qui connaît son histoire, n'est-ce point là le résumé exact et fidèle des grandes journées de la grande Révolution ?

Eh bien, lisez là dessus les historiens de la Révolution ; lisez leurs divers récits du 14 juillet, des 5 et 6 octobre, du 10 août... Le 14 juillet, quelle journée à jamais mémorable! Les 5 et 6 octobre, quel exploit héroïque! Le 10 août, quelle victoire magnifique! On dirait qu'éblouis, fascinés par l'impérieuse puissance des faits accomplis, ces historiens, et en particulier M. Michelet, ont abdiqué — pour les juger — « cette lumière qui éclaire tout homme venant au monde ». Autrement ils se demanderaient, sans nul doute, si, après tout, ces exploits et ces victoires n'ont pas dû être bien faciles, alors que celui qu'on attaque ne se défend pas, et que même, dans son inconcevable mansuétude, il ne veut pas qu'on le défende.

M. Louis Blanc ne se contente pas de nous peindre ces insurrections sous les plus séduisantes couleurs ; il en dégage la philosophie, il en proclame la haute portée politique. Ainsi, à propos des réformes opérées par l'Assemblée constituante, cet historien s'écriera sans sourciller : « Grandes choses d'immortelle mémoire, et dont néanmoins l'Assemblée constituante n'a pas à revendiquer le principal mérite aux yeux des générations futures ! Elle fut un étincelant foyer, c'est vrai, mais un foyer qu'entretint et que fut obligé de rallumer le vent qui soufflait alors de la place publique. *L'émeute même, en ces jours incomparables, faisait sortir de son tumulte de si sages inspirations ! Chaque sédition était si pleine de pensées !* » etc.. etc., etc.

A la bonne heure !

Je ne voudrais pas être désagréable à un historien dont j'estime la vie studieuse et le talent ; je me garderai donc bien d'examiner d'un peu près ces théories philosophico-révolutionnaires. Mais je supplie M. Louis Blanc d'y réfléchir : des lecteurs malintentionnés, ou trop bien disposés, ne pourraient-ils pas voir, dans cette petite déclamation, un appel à l'insurrection ? Quant à moi, il me semble vraiment fort heureux, dans l'intérêt de M. Louis Blanc lui-même, que l'on ait désarmé les gardes nationaux de Belleville et de Montmartre ; sans quoi, ces braves gens, après avoir lu l'historien, se croiraient très-suffisamment autorisés à prendre leurs fusils pour aller à Versailles *inspirer* le législateur !

Au sujet de ces événements, M. Thiers — suivi en cela par M. Mignet — professe une doctrine qui mérite un examen à part. — Apologiste, lui aussi, de la grande Révolution, mais cependant trop sensé et trop prudent pour justifier ouvertement ses attentats et ses folies, **M.** Thiers les excuse, les atténue en les portant au compte de la fatalité. Selon **M.** Thiers, les événements de ce monde se rattachent, se relient les uns aux autres inflexiblement, à peu près comme les anneaux d'une chaîne d'airain; de telle sorte que, à une époque donnée, dès qu'un événement s'est produit, nulle résistance, nul arrêt n'est possible : l'inéluctable *Fatum* a prononcé ; il faut absolument que la chaîne se déroule, il faut nécessairement passer à un autre anneau... Par respect pour **M.** Thiers, et persuadé d'ailleurs que ce n'a été chez lui qu'une idée de jeunesse, à laquelle il a renoncé en avançant dans la vie, je m'abstiendrai de juger, au point de vue moral, une doctrine qui supprime la liberté humaine ; et je ne veux pas non plus rechercher quelle influence une telle doctrine doit avoir sur la conduite de ses sectateurs. Mais, au point de vue de la vérité historique, je me sens plus à l'aise et je proteste. Loin, bien loin de confirmer le fatalisme, l'Histoire nous apprend, au contraire, que ce qui fait uniquement la force des choses, c'est la faiblesse des hommes, et que dans tous les pays, dans tous les temps, lorsque des circonstances menaçantes ont rencontré devant elles une grande âme, une intelligence généreuse, une volonté énergique, toujours et partout les circonstances ont été vaincues. Les exemples se présentent en foule à mon souvenir, comme pour m'apporter leur témoignage ; je n'en citerai qu'un seul, mais décisif, mais sans réplique. Vous rappelez-vous l'état de la France en 1429, à la veille de l'avénement de Jeanne d'Arc ? Quelle situation ! Les Anglais sont maîtres de Paris et d'une partie de notre territoire ; nous avons, en outre, la guerre civile des Armagnacs et des Bourguignons ; et de plus, comme si ce n'était pas encore assez, des hordes de brigands (les chroniques latines du temps disent *brigandi*) parcourent ce triste pays, portant partout le pillage et le meurtre. A voir un pareil état de choses, ne serait-on pas en droit de croire et d'affirmer que le mal est sans remède, qu'il ne nous reste plus aucun espoir, que tout est perdu, irrévocablement perdu ? — Non ! Jeanne d'Arc paraît, tout est sauvé !... Je ne sache pas une meilleure réfutation des explications fatalistes.

Il n'y a eu, me dira-t-on, qu'une Jeanne d'Arc, et le siècle de Voltaire ne méritait pas de voir un second miracle de ce genre. D'accord. Mais ce qui n'est pas moins vrai, c'est qu'aux époques les plus éprouvées, les plus critiques, il existe toujours, dans le sein d'un grand peuple, des hommes proportionnés à la situation et capables de la maîtriser. Et puisque la discussion m'y amène, je me permettrai de rappeler à M. Thiers un fait, un détail qui certainement n'a pu échapper à l'historien du Consulat et de l'Empire. C'était le matin du 10 août, et les bandes insurgées avaient déjà commencé l'attaque des Tuileries. A ce moment, le jeune Bonaparte, qui se trouvait aux environs avec un de ses camarades de l'École militaire, regardait, observait en silence l'affreux désordre. Tout à coup il se tourne frémissant vers son compagnon : « Oh ! si j'étais là, comme je vous balayerais cette canaille ! » Malheureusement Bonaparte n'était point là. Mais supposez-le connu et employé — comme il le fut deux ans plus tard — n'avions-nous pas, au 10 août, un 13 vendémiaire conservateur, et la Révolution, arrêtée, ne prenait-elle pas un autre cours, bien différent ?... Qui en doute ?

III

Ce n'est qu'un rêve ! je reviens aux réalités. Il faut bien,
d'ailleurs, que je dise quelques mots des héros les plus fameux de la Révolution et de la manière dont nos historiens
les apprécient.

Voltaire, sur la fin de sa vie, appelait gaiement ses con-
temporains des *tigres-singes*, ou, pour varier, des *singes-
anthropophages*. Rousseau, dans ses *Dialogues* composés
deux ans avant sa mort, en 1776, nous dit à plusieurs re-
prises, avec le sentiment d'une profonde tristesse, que la
génération qui grandissait sous ses yeux et qui allait bientôt
entrer en scène était « par caractère malveillante et hai-
neuse ». Voltaire et Rousseau annonçaient ainsi, avant le
spectacle, les grands acteurs de la Convention.

Nous sommes au mois de mai 1793. A ce moment plus de
roi, plus de noblesse, plus de clergé, plus de parlements,
plus rien de ce qui avait constitué l'ancien régime ; il n'y a
plus d'autre autorité que la Convention, qui a pour auxiliaires
ou pour complices les Jacobins et la Commune, et là-bas,
sur la place de la Révolution, debout, immobile, impassible,
la guillotine qui attend sa proie. Elle ne l'attendra pas
longtemps... Remarquez, je vous prie, dans l'auguste Assem-

blée, ces trois groupes principaux composés de jeunes hommes de vingt-cinq à trente-cinq ans : Vergniaud et ses amis, Danton et ses partisans, Robespierre et ses séides. L'un de ces hommes a dit un jour, dans un accès de cynique franchise, qu' « en révolution le pouvoir appartient aux plus scélérats. » Chacun d'eux se flatte que le pouvoir lui appartient de droit : ils se regardent, ils se mesurent, et, comme ils se connaissent bien, ils ont tous peur.

Ce sera du moins Vergniaud qui aura l'honneur, avec ses girondins, d'ouvrir la marche funèbre. Vergniaud, bouche éloquente, mais cœur lâche. Durant toute la Législative, alors qu'il n'y avait plus le moindre courage à insulter Louis XVI, il l'a poursuivi, il l'a frappé de ses invectives incessantes, aiguisées en poignards. Plus tard, au 10 août, lorsque le roi, forcé d'abandonner les Tuileries, s'est réfugié dans l'Assemblée, Vergniaud, qui préside ce jour-là, lui déclare solennellement que « les représentants feront respecter les autorités constituées » ; et le lendemain, au mépris de cet engagement, il permet, sans souffler mot, que l'on transfère Louis XVI au Temple ! Plus tard, en janvier 93, lors du procès régicide, il prononce un magnifique discours où il demande l'appel au peuple, et quelques jours après, quand il s'agit de voter, trouvant sans doute qu'il s'est déjà assez compromis comme cela, il vote la mort. C'étaient là des gages assurément ; mais qu'importe ? Vergniaud et les girondins, expulsés de la Convention par Danton et Robespierre comme suspects de fédéralisme et de royalisme, et traduits devant le tribunal révolutionnaire, passent de là à l'échafaud.

A Danton á présent! Danton, lui, n'est pas un **orateur**; mais il a l'avantage de posséder, avec des formes d'athlète, une voix de stentor, et nul ne l'égale à rugir des apophthegmes sanguinaires. Mieux que cela, il a sur lui le sang de Louis XVI, le sang des girondins, le sang de septembre, et, de plus, ses mains ne sont pas très-nettes de l'argent de Belgique. Qu'importe? un jour que, suivant son langage, il était *saoul de crimes* (il en avait en effet jusqu'à la gorge), il s'avise de faire demander par Desmoulins, la plume du parti, «un Comité de clémence», dont il éprouvait le besoin. Sur ce, Robespierre, piqué au vif, l'accuse de modérantisme, et voilà que Danton, le Jupiter Tonnant, le Titan de la Révolution, se laisse mener docilement à l'échafaud.

Maintenant à Robespierre! c'est son tour, et c'est trop juste!... Incapable de rien inventer, Robespierre s'est proposé deux modèles, qu'il s'applique à reproduire de son mieux : Rousseau pour l'éloquence et la philosophie, Cromwell pour la politique active. — Pourquoi ne l'avouerais-je pas? A force de lire et de relire Rousseau, il a acquis un certain talent — bien que les délicats lui reprochent de donner un peu trop dans la rhétorique, et d'employer à **tort** et à travers les mots favoris du vocabulaire jean-jacquiste, *vertu, humanité, sensibilité*, qu'il répète à satiété. Mais en vain il a lu et relu Rousseau, il n'a point remarqué chez son maître cette phrase pourtant si remarquable : « La révolution la plus légitime serait payée trop cher au prix du sang d'un innocent » .... Et il a sur lui le sang de Louis XVI, le sang des girondins, le sang des dantonistes, le sang de tout le monde ; de sorte que Rousseau aurait certainement renié, **repoussé** avec horreur un tel disciple. — Quant à l'imitation de Cromwell, il n'y sera pas plus heureux. Parce que, lui aussi, il a poussé tant qu'il a pu à l'immolation du roi, et qu'il a fait, comme son modèle, le prophète et le pontife, il s'imagine qu'il va jouer jusqu'au bout le même rôle. Il ne voit pas tout ce qui lui manque pour cela. Il ne voit pas l'énorme distance qu'il y a de son intelligence médiocre à ce puissant et profond génie. Il ne voit pas que si Cromwell est parvenu au protectorat, c'est qu'il avait porté l'épée, gagné des batailles, soumis l'Irlande, dompté l'Ecosse. Et abusé encore par la facilité qu'il a trouvée à se débarrasser de ses compétiteurs en s'appuyant sur les Jacobins et la Commune, il croit tenir le pouvoir... Vaine illusion! et quel réveil! Ses collègues, qui suivent de l'œil ses manœuvres, le soupçonnent un beau matin d'aspirer à la dictature: tous aussitôt, et la Montagne et la Plaine, et le Comité de sûreté générale et le Comité de salut public, tous, sans exception, s'inquiètent très-sérieusement pour leur salut particulier; toutes ces peurs se coalisent et se soulèvent, et, pour conclure, le Cromwell d'Arras est porté pantelant à l'échafaud.

Ainsi finit l'histoire! Ainsi en quatorze mois si l'on compte à partir de l'arrestation des girondins, en dix mois si l'on date seulement du jour de leur exécution, tous ces collègues, mieux encore, tous ces confrères (car la plupart étaient avocats), mieux encore, tous ces camarades de collége (car Robespierre, et Desmoulins le dantoniste, et Fréron le thermidorien avaient étudié ensemble à Louis-le-Grand), ainsi en quelques mois tous ces hommes inhumains, ou plutôt en dehors de la nature humaine, se sont mutuellement entre-tués! Oh! comme Voltaire et Rousseau connaissaient bien l'un et l'autre la génération monstrueuse qu'ils avaient for-mée! Mais, quant à la manière de la caractériser et de la peindre, Voltaire emporte le prix. Regardez. A ce manque absolu de jugement, à cette imprévoyance inouïe, à cette légèreté féroce, à cette prodigalité de moyens violents pour arriver à des résultats négatifs, à cette insouciance avec laquelle ils détruisent des êtres vivants sans songer que le lendemain ils seront détruits eux-mêmes en pleine possession de la vie, à tous ces signes, à tous ces traits, ne reconnaissez-vous pas, en effet, de vrais singes-anthropophages?

Je n'ajoute qu'un mot — sur le dénoûment. « L'histoire du 9 thermidor, a dit M. de Maistre, n'est pas longue : *quelques scélérats ont fait périr quelques scélérats.* » On ne saurait mieux dire, et, pour ma part, les guillotineurs ne m'inspirent pas plus d'intérêt que les guillotinés; mais il ne faut cependant pas oublier que le 9 thermidor la Terreur finit et que la France respira.

Eh bien, dirai-je encore, lisez sur les héros de la Révolution leurs historiens fantaisistes! Je ne crains pas de vous le promettre, vous trouverez là, selon votre humeur, de quoi vous révolter ou de quoi rire. De même que les héros avaient rivalisé à qui irait le plus loin dans le crime, les historiens semblent s'être défiés à qui ira le plus loin dans ses admirations. M. Thiers s'en tient prudemment à Mirabeau ; passe encore! malgré des vices et des fautes déplorables, il y a là, du moins, un grand orateur et un véritable homme d'Etat.

— Mais Mirabeau ne suffit pas à M. de Lamartine, et celui-ci composera un poëme en prose en l'honneur des girondins. (Après les *Méditations* et les *Harmonies*, hélas!) — Mais les girondins ne satisfont pas M. Michelet; son héros à lui c'est Danton, et il n'hésite pas à affirmer que « le nom tragique de Danton n'en restera pas moins au fond des plus chers souvenirs et des regrets de la France ». (M. Michelet s'amuse!)— Mais Danton ne remplit point l'attente de M. Louis Blanc, et son héros, son idéal à lui, je ne dis pas assez, l'objet de son culte religieux, c'est Robespierre. M. Louis Blanc nous raconte avec une sympathie mélancolique comment, peu de jours avant sa mort, ce « grand homme » faisait un pèlerinage à l'Ermitage pour demander des inspirations à l'ombre de Rousseau (je serais bien curieux de savoir ce que l'ombre a répondu!), et comment, se promenant aux Champs-Elysées, dans les environs du jardin Marbeuf, il prenait plaisir, toujours à l'instar de Rousseau, à distribuer des témoignages de sa munificence à de petits Savoyards qui jouaient de la vielle (cela ne vous paraît-il pas fort touchant?); et tout à la fin, quand Robespierre a été bien et dûment guillotiné, M. Louis Blanc le consacre sans façon *apôtre et martyr* (Dieu me pardonne! ces deux mots y sont en toutes lettres)! — Est-ce tout? Nullement; il y a un autre historien qui ne s'arrête pas à Robespierre et qui va encore par-delà, si c'est possible. M. Buchez (le même, du reste, qui présidait l'Assemblée législative au 15 mai 1848, et qui abandonna si lestement son fauteuil au moment où la salle fut envahie), M. Buchez s'efforce de réhabiliter... devinez qui?... Marat, oui, Marat, Marat l'énergumène frénétique, Marat qui demandait tous les matins deux cent soixante mille têtes — ni plus ni moins, — Marat dont la démence épouvantait Vergniaud, Danton, et Robespierre lui-même !

IV

Et voilà comme les historiens de la Révolution se montrent les maîtres de la vie humaine ! Voilà les leçons qu'ils nous donnent ! Voilà les principes qu'ils nous vantent, et les événements qu'ils célèbrent, et les héros qu'ils glorifient ! Etonnez-vous donc que des générations ainsi élevées viennent s'exercer l'une après l'autre à ces imitations continuelles de la grande Révolution — toujours plus désastreuses et plus honteuses ! Etonnez-vous que, dernièrement, une jeunesse sans foi, sans croyances d'aucun genre, sans études d'aucune espèce, sans mœurs, sans pudeur, sans cœur, et ne rêvant que la satisfaction de ses appétits immondes, n'ait pas craint d'aller la chercher jusque dans les ruines de la patrie !... Voyant des circonstances si favorables, ils se sont dit : « Pourquoi pas nous aussi ? Ne les valons-nous pas ? Ne pouvons-nous pas, comme eux, incendier, emprisonner et massacrer nos prisonniers ? Ce n'est pas difficile cela !... Et quand nous aurons bien incendié, bien emprisonné, bien massacré, supposons qu'à la fin nous soyons vaincus ; supposons que — par impossible — il se trouve alors à la tête du gouvernement un homme... un homme qui nous refuse la qualité de belligérants et prétende nous traiter comme des scélérats ordinaires, eh bien, alors encore, soit ! Nous aussi nous aurons, à notre tour, des historiens qui nous vanteront, qui nous célébreront, qui nous glorifieront, qui nous recommanderont pieusement au respect et à l'admiration de la postérité ! »

Et maintenant croyez-vous que j'exagère quand je soutiens que les historiens de la Révolution nous ont fait encore plus de mal que la Révolution elle-même ? Pour moi, plus j'y réfléchis sans préoccupation, sans prévention, plus je demeure convaincu que les historiens nous ont été cent fois plus funestes. La Révolution a tranché les têtes, c'est **vrai**; mais les historiens les ont bouleversées. La Révolution a opprimé les consciences, j'en conviens; mais les historiens les ont dépravées. Comparez donc !

Oh! qui nous donnera — enfin — un sérieux historien de la Révolution? Je ne demande pas, je le déclare, un historien qui écrive son œuvre dans un intérêt de parti. Non; ce que je demande, mais ce que j'appelle de tous mes vœux, c'est un historien qui, se plaçant au point de vue du bon sens éternel, de la morale éternelle, et sachant distinguer le bien du mal, le juste de l'injuste, ne craigne pas de nous dire résolûment, à l'occasion : « Ceci est une sottise... Ceci est une folie... Ceci est un crime. » Et si cet historien nous fait voir — enfin — sous leur vrai jour, pour ce qu'ils valent, et les *immortels* principes de la Révolution, et ses odieux attentats, et ses sinistres héros, il n'aura point perdu sa peine; j'ose lui promettre une récompense plus belle encore que la gloire : les honnêtes gens diront, en le lisant, qu'il a bien mérité de la patrie.

1350. — Paris. Imprimerie A. Hennuyer, rue du Boulevard, 7.